André Cochut

De la distribution des richesses en France

À propos de l'impôt sur le revenu

 Le code de la propriété intellectuelle du 1er juillet 1992 interdit en effet expressément la photocopie à usage collectif sans autorisation des ayants droit. Or, cette pratique s'est généralisée dans les établissements d'enseignement supérieur, provoquant une baisse brutale des achats de livres et de revues, au point que la possibilité même pour les auteurs de créer des œuvres nouvelles et de les faire éditer correctement est aujourd'hui menacée. En application de la loi du 11 mars 1957, il est interdit de reproduire intégralement ou partiellement le présent ouvrage, sur quelque support que ce soit, sans autorisation de l'Éditeur ou du Centre Français d'Exploitation du Droit de Copie , 20, rue Grands Augustins, 75006 Paris.

ISBN : 978-1545558607

10 9 8 7 6 5 4 3 2 1

André Cochut

De la distribution des richesses en France

À propos de l'impôt sur le revenu

Table de Matières

De la distribution des richesses en France 6

De la distribution des richesses en France

Necker, désigné par l'opinion, en 1776, comme le financier le plus apte à conjurer la crise déjà prévue, ne tarda pas à éprouver que, dans l'ignorance où l'on vivait alors sur la plupart des faits concernant la fortune publique, il était difficile de corriger les anciens abus, et plus encore de créer des ressources nouvelles. Dans la liste des projets ajournés à ces temps de calme que rêve tout ministre, et que rarement il a le bonheur devoir, il traça le plan d'une institution où seraient venus se classer des renseignements de toutes sortes sur l'état des personnes et des propriétés, l'industrie, les transactions, les revenus, le crédit, le numéraire, de manière à ce que, dans l'avenir, le génie de la finance fût suffisamment éclairé dans son essor. Plus de soixante ans se sont écoulés depuis cette époque, plus de dix gouvernements se sont succédé ; deux où trois générations de bureaucrates ont enrichi les cartons des ministères ; les contribuables ont payé, pour être administrés, une vingtaine de milliards : sommes-nous beaucoup mieux informés que du temps de Necker ? Les premiers volumes d'une statistique officielle, des documents spéciaux qui ne reçoivent qu'une publicité imparfaite des recherches particulières qui manquent d'autorité, ont jeté une lumière douteuse sur quelques points des affaires ; mais on n'a pas encore produit un ensemble de notions auquel les citoyens pussent recourir avec confiance pour asseoir leurs jugements sur des faits positifs. On ne parle depuis dix mois que d'organisation du travail. Qui possède des connaissances certaines sur les éléments à coordonner ? Personne, pas plus les agents de l'administration que les prétendus réformateurs. Nul ne pourrait dire, avec une exactitude suffisante, combien il y a de travailleurs salariés en France, comment ils se répartissent entre l'agriculture et les fabriques ; ce qu'il y a, parmi les ouvriers ruraux, de fermiers, de métayers où de manœuvres ; en quels nombres les artisans des divers métiers se classent entre les petits ateliers et les grandes fabriques ; par quelles filières et à quelles conditions le commerce exécute la distribution des produits fabriqués ; nul ne sait, en un mot, ce qu'il y a de légitime où d'exagéré dans les griefs des travailleurs. On est en quête d'expédients financiers ; mais, comme on manque de renseignements et d'études précises

André Cochut

sur l'état réel de la propriété, sur l'agencement des transactions, sur cette mystérieuse infiltration qui fait pénétrer les parcelles de la substance produite jusque dans les profondeurs de la société, on s'agite dans le vague : toute idée féconde reste à l'état de rêverie ; plutôt que de s'aventurer dans l'inconnu, les hommes sur qui pèse la responsabilité des grandes affaires rentrent dans les voies battues, d'autant plus sûres, à leurs yeux, que les ornières y sont plus anciennes et plus profondes.

Cette ignorance des faits vient de se trahir encore une fois à l'occasion d'un projet dont l'adoption modifierait essentiellement notre régime financier, il s'agit de l'impôt sur les revenus mobiliers. En discutant, dans la séance du 3 août, la proposition relative aux créances hypothécaires, M. Thiers déclare que, « parmi toutes les contributions nouvelles, l'impôt sur le revenu est celui qui mérite le plus d'être examiné et même essayé. » M. Goudchaux interrompt l'orateur pour affirmer qu'il n'a pas besoin de leçons, que déjà un plan de cette nature a été préparé par ses soins, et qu'il sera présenté au premier jour. En effet, le 23 août, le ministre des finances dépose son projet. Sans le moindre retard, examen dans les bureaux, choix d'une commission, débats dans les comités, et dépôt, le 10 octobre, d'un rapport qui modifie profondément le système ministériel. La discussion est inscrite enfin à l'ordre du jour, et déjà le produit du futur impôt fait nombre pour 60 millions dans les prévisions du prochain budget ; mais ce même ministre, qui inscrit 60 millions en recettes pour l'année prochaine, avoue, dans son exposé des motifs, qu'on est réduit aux plus vagues conjectures sur les éléments et les effets du nouvel impôt.[1] La commission qui s'approprie, et le transformant, le projet ministériel, reconnaît à son tour qu'elle s'est formé, non pas une conviction, mais une opinion, « après des tâtonnements pénibles et des sondages réitérés en tous sens ; qu'elle ignore le chiffre de la fortune mobilière du pays, sa répartition entre les habitants, et la proportion dans laquelle elle viendrait se soumettre à l'impôt ; que la fixation de la taxe à 3 pour 100 ne repose sur aucune donnée authentique, et qu'en l'absence de documents

---

[1] L'opinion de M. Passy, énoncée incidemment, il y a quelques jours, à propos de l'impôt sur le sel, est que la taxe sur les revenus produira difficilement 30 millions. M. le ministre des finances veut-il dire que l'évaluation de son prédécesseur est trop élevée, où bien qu'elle sera considérablement réduite par des non-valeurs ? C'est ce que nous ignorons.

meilleurs que ceux qui sont fournis par le gouvernement, elle n'a pas de raison pour la repousser. » En somme, l'assemblée nationale, laissée dans les ténèbres pour délibérer, va voter l'inconnu.

Si le comité des finances avait cru devoir exposer au public les résultats de ces *sondages* qu'il a opérés, le présent travail eût sans doute été inutile. A défaut de renseignements officiels, nous avons été conduit à décomposer les éléments de la fortune publique ; nous avons recherché comment et dans quelle mesure se forme le revenu de chaque classe par la distribution des richesses produites. Cette laborieuse analyse dissipera sans doute plus d'une illusion.

Nous sommes forcé d'encadrer notre inventaire de la richesse nationale dans les limites tracées par le projet de loi dont nous entreprenons l'examen.

En demandant à chaque citoyen une cotisation proportionnée à ses ressources effectives, le gouvernement avait reconnu l'inutilité d'atteindre des revenus déjà insuffisants. En conséquence, il avait fixé un minimum de perception dans les limites de 600 à 1,200 fr. pour les communes renfermant moins de 5,000 habitants, de 1,000 à 2,000 francs pour les communes au-dessous de 25,000 habitants, et de 1,500 à 3,000 francs pour les grands centres de population. Exception était faite en faveur des ouvriers non sujets à la patente, des militaires et des douaniers d'un grade inférieur ; on avait, par la même raison, laissé en dehors les revenus collectifs qui intéressent particulièrement les pauvres, comme ceux des hôpitaux et des communes. En considération des charges exceptionnelles supportées en ces derniers temps par la propriété immobilière, on n'entamait pas le revenu du fonds, déjà réduit par l'impôt foncier ; mais on supposait que l'industrie agricole proprement dite, donnant au fermier des bénéfices distincts de la rente du propriétaire, devait contribuer comme les autres genres de spéculation.

Dans l'impuissance où se trouvait le ministre d'indiquer les éléments et les résultats probables de la taxe, on avait proposé d'en faire, non pas un *impôt de quotité*, prélevé, suivant l'usage, proportionnellement à la valeur de la chose imposable, mais un *impôt de répartition*, c'est-à-dire une taxe répartie entre chaque contribuable de manière à ce que le montant des cotisations réunies fournisse la somme dont le besoin se faisait sentir 60 millions étaient demandés. M. Goudchaux, ayant estimé à 3,716,000,000 de francs le total des revenus classa dans les catégories spécifiées, en concluait que la répartition ne ferait peser sur la richesse mobilière qu'une charge inférieure à 3 pour 100. Chaque département devait fournir un contingent déterminé par le chiffre combiné de sa contribution mobilière et de sa part dans l'impôt des portes et fenêtres.

Le projet du gouvernement manifestait des tendances démocratiques, pour lesquelles, il faut le dire, les hommes de finance ont peu de sympathie. On voulut voir dans certaines dispositions un retour sournois vers le système de l'impôt progressif. Étudié dans les bureaux de l'assemblée sous le poids de ces préventions, le projet y a subi des modifications radicales. Un représentant qui s'est révélé avantageusement dans la discussion sur la présidence, M. de Parieu, a été chargé de motiver les amendements de la commission. Son rapport annonce une érudition assez rare parmi nos hommes politiques ; on y remarque aussi la lucidité d'exposition et un tour distingué, qualités qui sont des indices d'excellent esprit quand elles éclatent dans les matières abstraites.

La commission dont M. de Parieu a été l'organe a considérablement abaissé les *minima* au-dessous desquels on échappe à la cotisation, parce que, dans un pays de morcellement et de petite existence comme est malheureusement le nôtre, on est obligé d'atteindre tout le monde, si l'on veut qu'un impôt soit fécond. La distinction proposée, à l'exemple des financiers anglais, entre la rente du propriétaire foncier et le bénéfice du cultivateur qui exploite le fonds est effacée : « Le comité pense que la contribution foncière n'a point été établie sur le produit abstrait d'une terre sans travail et sans culture, mais sur le revenu d'un sol cultivé, et qu'en conséquence une taxe sur les bénéfices de l'exploitation agricole ferait double emploi. » On observe, à l'égard des propriétaires qui exploitent par eux-mêmes, que, dans la pratique, il serait difficile de les atteindre deux fois, où injuste de ne soumettre leur terre qu'à un seul impôt ; on craint, enfin, qu'au renouvellement des baux, le fermier ne trouve le moyen de faire payer indirectement sa taxe à son propriétaire. Par ces considérations que nous nous réservons de discuter plus loin, l'immunité est étendue à l'industriel qui cultive la terre, comme au capitaliste qui la possède.

La commission a repoussé de même l'idée de taxer isolément chaque localité, en raison de sa richesse présumée. On n'a vu avec raison dans cet arrangement qu'une loterie fiscale, ayant l'immoralité de toutes les opérations aléatoires. Par un retour à la règle commune de notre fiscalité, l'impôt sur les revenus, au lieu d'être une cotisation annuelle sans autre mesure que les besoins publics, sera un prélèvement fixe et proportionné aux ressources réelles, à la capacité effective du contribuable, c'est-à-dire, pour parler le langage de la finance, qu'on propose de constituer un impôt de quotité et non plus un impôt de répartition. La taxe serait assise d'une manière uniforme, quel que fût le caractère des revenus qui en seraient grevés. L'initiative de l'évaluation des revenus imposables serait déférée à des commissions cantonales, contre lesquelles les citoyens réclamants auraient recours auprès des conseils de préfecture.

Les dispositions du projet de loi amendé par la commission se résument donc dans les formules suivantes :

Les revenus mobiliers soumis à la taxe sont distribués en quatre catégories : 1° bénéfices, nets du commerce et de l'industrie, à l'exception de l'industrie agricole ; 2° produits nets des offices ministériels et des autres professions libérales ; 3° pensions, traitements, rémunérations pour services publics et privés, sous quelque titre, forme où dénomination que ce soit, à l'exception des salaires d'ouvriers proprement dits 4° produits des capitaux placés, sous forme de dividendes, rentes, annuités intérêts de créances. Les revenus collectifs des établissements d'utilité publique où de bienfaisance sont exemptés. L'impôt atteint les revenus que les Français touchent à l'étranger, comme ceux que les étrangers perçoivent du placement des capitaux ou des profits d'une industrie exercée en France.

Le minimum au-dessous duquel l'impôt cesse d'être exigible est de 400 francs de revenu dans les communes où il n'existe pas de droits d'entrée, de 600 francs dans les communes dont la population est inférieure à 25,000 âmes, de 800 francs dans toutes les autres localités.

Le prélèvement sur tous ces revenus imposables sera

uniformément de 3 pour 100.

Il nous reste à rechercher maintenant quels seraient, dans ces limites, la fécondité de l'impôt et ses effets sur l'économie sociale.

I. — Les revenus composant la première catégorie découlent de l'exercice des professions soumises au droit de patente. Tout ce que le négociant où le manufacturier réalise en sus des sommes avancées pour l'impôt, le loyer, l'achat des matériaux et outils, l'intérêt des emprunts et salaire des ouvriers, constitue le profit net que le spéculateur dépens en jouissances personnelles, où qu'il accumule pour entrer à son tour dans la classe des capitalistes. La taxe nouvelle n'aura prise que sur cet excédant. Or, quiconque connaît la pratique commerciale, et la complication des ressorts industriels, quiconque a eu occasion d'observer l'inintelligence routinière des trois quarts de nos patentés, comprendra la difficulté d'asseoir un tel impôt. Le bénéfice net est réalisé moins souvent en argent qu'en marchandises où en créances plus où moins douteuses. A l'exception de quelques grands chefs d'industrie, de quelques maisons commerciales assez riches pour faire les frais d'une comptabilité exacte, nos trafiquants seraient bien embarrassés d'extraire le chiffre de leurs profits réels du bilan général de leur exploitation. La taxe rendrait même un grand service à beaucoup d'entre eux, si elle les forçait enfin à rechercher s'ils sont en perte ou en bénéfice.

Malgré les exceptions admises en faveur du propriétaire cultivateur et du fermier, les produits de l'industrie agricole retombent sous le coup de la taxe projetée dès qu'ils entrent dans le courant commercial pour affluer jusqu'au consommateur. Les individus qui spéculent sur la vente et même la préparation des aliments, boulangers, bouchers, charcutiers, fruitiers, aubergistes, restaurateurs, épiciers, limonadiers, marchands de vins, classe qui comprend assurément plus du quart des patentés, vont donc contribuer au nouvel impôt en proportion des bénéfices qu'ils se partagent. Le produit brut de l'industrie agricole, en y ajoutant ce que rapportent accessoirement la fromagerie, la charbonnerie, la meunerie, la pêche et la chasse, s'élève assurément à plus de 8 milliards. En admettant qu'une forte portion de ces denrées soit consommée sur place par les familles qui les ont créées, le surplus, versé dans le torrent des échanges, y détermine un roulement de 4 milliards au plus bas mot. Ce n'est pas trop que d'évaluer à 15 pour 100 les bénéfices commerciaux prélevés sur cette somme par les légions de revendeurs en gros et en détail. Le blé seul, que le paysan vend sur le marché de son village à raison de 20 à 25 centimes le kilogramme, est revendu 35 centimes en moyenne après la panification. Le vin, surchargé il est vrai par trois où quatre impôts, coûte à l'habitant des villes dix fois plus cher que ne la vendu le vigneron. On peut donc avancer, sans crainte d'exagération, que le seul trafic sur les vivres répand entre 300,000 familles 600 millions de bénéfices nets, c'est-à-dire de revenus imposables.

Dans l'exploitation agricole, le grand ouvrier, c'est la nature ; dans l'industrie proprement dite, les forces créatrices sont le génie où le travail de l'homme. Toute marchandise fabriquée subit, avant d'être vendable, un certain nombre de transformations ; elle est conduite de comptoir en comptoir par des opérations de courtage ; elle est surchargée par des frais de transport proportionnés aux déplacements qu'elle a occasionnes. Les bénéfices réalisés par chacun des manufacturiers ou négociants entre les mains desquels elle est passée s'additionnent dans son prix et en forment parfois une portion considérable. Une taxe sur les revenus doit constater et atteindre cette succession de bénéfices. Une balle de coton en laine, avant d'être achetée en détail par les femmes qui doivent s'en vêtir, a fourni des profits à six où sept catégories d'entrepreneurs, sans compter le contingent de ceux qui ont vendu la matière première ou fabriqué les machines, sans compter la rente des capitaux engages, sans compter le prix de la main-d'œuvre. De même que le coton est matière première pour le filateur, le fil est matière première pour le tisseur, la toile pour l'imprimeur, les étoffes en pièces pour le marchand en gros, les étoffes assorties pour le marchand en détail. Nous allons matérialiser cet exemple en le traduisant en chiffres.

100,000 kilogrammes de coton en laine, achetés en Amérique par un négociant armateur, donnent lieu aux ventes et aux bénéfices suivants :

André Cochut

	Francs
Vente par le négociant de 100,000 kil, de coton, à 1fr. 50 c., soit 150,000 fr., bénéfice net, à 5 pour 100	7,500
Vente par Le filateur de 100,000 kil. de fil, à 3 fr., soit 300,000 fr., bénéfice net ; à 5 pour 100	15,000
Vente par le tisseur de 100,000 kilogr. de tissus, à 5 fr., soit 509,000 fr., bénéfice net, à 4 pour 100	20,000
Vente par l'imprimeur de 100,000 kil, de toiles imprimées, à 10 fr., soit 1,000,000 fr., bénéfice net, à 3 pour 100	30,000
Vente par le négociant de 1 00,000 kil, d'étoffes en pièces, soit 1,000,000 fr., bénéfice net, à 4 pour 100	40,000
Vente par les détaillants de- 100,000 kil, d'étoffes assorties, soit 1,200,000 fr., bénéfice net (non-valeurs déduites), à 10 pour 100	120,000
Transports successifs de 100,000 kil, sous formes diverses, soit 30,000 fr., bénéfice, net, à 10 pour 100	3,000
Prix définitifs de 100,000 kil, fabriqués et, revendus au détail, 1,230,000 fr., bénéfices nets	235,500

À ce compte, un revenu net de 235,500 francs, réparti peut-être entre une vingtaine de spéculateurs, procurerait au fisc, à raison de 3 pour 100, une somme de 7,065 francs sur 1,230,000 de marchandises. Ce chiffre exprimé seulement les bénéfices industriels et commerciaux : nous évaluerons le revenu des capitaux consacrés à ces opérations dans une des quatre catégories fiscales.

Ce qui vient d'être dit relativement aux diverses élaborations du coton est applicable aux autres industries qui transforment la laine, le lin, la soie, les cuirs, les bois, les métaux. Dans chacune de ces spécialités, l'inconnue que nous cherchons, le montant des bénéfices industriels et commerciaux réalisés par la série des entrepreneurs, doit représenter le cinquième où le quart du prix de vente. Nous ne croyons pas nous éloigner de la réalité en ajoutant que les élémens dont se compose la valeur commerciale des objets manufacturés sont combinés dans la proportion suivante :

	pour 100
Impôts sous diveses formes, au moins	10
Intérêt des capitaux engagés ou circulants	5
Achat de matières premières	10
Loyer, détérioration du matériel, combustible	15
Salaires de commis ou d'ouvriers	30 à 35
Transports successifs	5
Profits des divers entrepreneurs et vendeurs	20 à 25

Ces points étant établis avec une probabilité suffisant, il reste à estimer la valeur totale des fabrications. M. Charles Dupin, dans une étude qui remonte à 1826, est arrivé à un total de 3 milliards 694 millions ; mais il a mentionné plusieurs opérations qui sortent du cadre de l'industrie proprement dite. M. Schnitzler, appliquant ses recherches à une époque plus récente, et limitant, ses calculs aux valeurs créées par la fabrication mécanique et manuelle, fournit le chiffre de 2 milliards 911 millions. Enfin, le gouvernement vient d'ajouter à sa collection de documents statistiques deux volumes consacrés à l'industrie. Cette première série comprend seulement les 43 départements de la France orientale, et ne mentionne que les grands établissements qui occupent au moins une dizaine d'ouvriers. D'après ce document, la région orientale renfermerait 20,567 établissements payant en moyenne une patente d'un peu plus de 100 francs ; on y emploierait 725,909 ouvriers, savoir, 467,250 hommes, 170,918 femmes, et 87,741 enfants. La valeur des produits fabriqués serait de 2,282,789,586 francs. Si l'on doublait ce dernier chiffre pour la production de la France occidentale, et si l'on ajoutait un milliard (ce serait peu) pour le contingent d'environ 500,000 petits ateliers qui n'emploient pas de moteurs mécaniques et qui réunissent moins de 10 ouvriers, on exprimerait l'ensemble de notre production industrielle par un total approchant de 6 milliards ; mais ce chiffre serait suspect d'exagération pour deux causes. D'abord, les départements où l'industrie domine sont plus nombreux dans la région déjà décrite, qui comprend la Flandre, l'Alsace, la Champagne, le Lyonnais. En second lieu, il y a dans le compte des matériaux et des marchandises fabriquées un vice fondamental, une aberration permanente qu'on a regret de signaler dans un document officiel. On a confondu le prix des matières premières et celui des matières fabriquées, de manière à grossir démesurément tous les résultats. Par exemple, si un imprimeur, pour créer 2,000 francs de livres, a employé pour 1,000 francs de papier, le statisticien du ministère, additionnant la valeur des livres avec celle du papier, annonce une fabrication de 3,000 francs. On obtient ainsi des totaux éblouissants, et les yeux qui ne vérifient pas s'émerveillent des progrès de notre industrie.

C'est entre le chiffre trop faible de. M. Schnitzler et les exagérations de la statistique officielle que se trouvera le point le plus approchant de la vérité. Voici, par aperçu, et en nombres arrondis approximativement, le tableau de la puissance productive de l'industrie française :

	Francs
Extraction, élaboration première et vente des substances d'origine minérale (combustibles, matériaux de construction, sels, bitumes, minerais, fonte, métallurgie, grosse quincaillerie ; etc.)	600,000,000
Verrerie, cristallerie, poterie, porcelaine, faïence	75,000,000
Produits chimiques	50,000,000
Construction des machines (depuis les chemins de fer)	60,000,000
Sucreries* (sucre colonial et indigène, raffinerie)	120,000,000
Papeterie, imprimerie, librairie, papiers peints	65,000,000

Brasserie, distillerie, féculerie, huilerie, savonnerie, parfumerie	360,000,000
Industrie du chanvre et du lin	200,000,000 **
Industrie du coton	600,000,000
Industrie de la laine	400,000,000
Industrie de la soie	300,000,000
Cuirs et peaux (chaussure, sellerie, carrosserie, ganterie, pelleterie)	300,000,000
Horlogerie, bronzes, plaqués, orfèvrerie	120,000,000
Travail du bois (ébénisterie, tabletterie, charpente, menuiserie, tonnellerie)	130,000,000
Arts et métiers, petites industries (modes, vêtements, menus objets d'ameublements, ustensiles divers ; — plus de 200,000 patentés sont assurément groupés dans cette catégorie)	600,000,000
Prix des objets en fabrique	3,980,000,000
Transports successifs et divers, — augmentation de 10 p. 100	398,000,000
Bénéfices commerciaux*** (échanges et distribution à l'intérieur et à l'extérieur), — augmentation de 15 pour 100	597,000,000
TOTAL, au prix marchand, des objets fabriqués	4,975,000,000 fr.

* Aucune exception n'a été stipulée pour l'industrie coloniale.

** La production réelle est beaucoup plus considérable, mais beaucoup de chanvre utilisé par l'industrie domestique n'entre pas dans la circulation, commerciale.

*** On pourrait signaler quelques doubles emplois, notamment en ce qui concerne la revente de certains objets débités ordinairement par les commerçants déjà compris dans la précédente catégorie ; mais la compensation doit être établie par les omissions inévitables de cette seconde nomenclature.

André Cochut

S'il est vrai, comme nous l'avons exposé plus haut, que les profits nets des entrepreneurs d'industrie et des commerçants augmentent le prix vénal des produits industriels dans la proportion de 20 à 25 pour 100, cette seconde catégorie offrira à la taxe sur les revenus une base d'environ 1 milliard.

On s'étonnera peut-être de ne pas trouver ici une mention spéciale pour une industrie qui, prise dans sa généralité, est peut-être la plus considérable de toutes : l'industrie du bâtiment, à laquelle se rattachent les travaux de canalisation et de viabilité. En 1845, on ne comptait pas moins de 7,519,310 propriétés bâties, inscrites au rôle des contributions. Dans ce nombre, il est vrai, figurent pour la moitié de misérables cabanes à deux où trois ouvertures. Quoiqu'on ait compté en ces dernières années, pendant la fièvre de la spéculation, près de 100,000 constructions nouvelles, on peut réduire ce nombre de moitié en attribuant à l'ensemble de ces travaux une valeur d'un milliard. Qu'on y ajoute le prix des innombrables réparations, celui des travaux d'utilité publique soi. Dès par le gouvernement où par les administrations locales, les dépenses de premier établissement des chemins de fer, et le total dépassera 1,500 millions. Mais additionner cette somme avec le total de la production industrielle, ne serait-ce pas faire double emploi et renouveler la faute que nous avons reprochée à la statistique officielle ? Tous les éléments matériels qui entrent dans le prix d'une construction, la pierre, la charpente, la serrurerie, l'ornementation, ont été compris dans le tableau qui précède : les capitalistes, les architectes, les ingénieurs, sont classés, suivant le projet de loi, dans les autres catégories de contribuables. Les ouvriers à la journée sont exemptés de la taxe.

Au commerce des denrées et des objets fabriqués s'allie intimement le commerce de l'argent, c'est-à-dire la réalisation des bénéfices procurés par les escomptes, les changes et les mouvements d'espèces. Évaluer à 12 milliards le roulement des valeurs de toutes sortes escomptées par les banques publiques et particulières, c'est être modéré. Ces valeurs n'ayant en moyenne que trois mois de date, le total équivaut à 3 milliards pour l'année entière. A 4 pour 100, l'escompte doit fournir 120 millions ; mais cette somme n'est pas tout bénéfice pour les banquiers ; il en faut déduire l'intérêt des capitaux dont ils ont le maniement, soit à titre de fonds social, soit comme dépôt accidentel ; plus, les frais d'exploitation et de correspondance. Nous supposons qu'il faut réduire à 60 millions les bénéfices de ceux qui font travailler l'argent ; le contingent des capitalistes commanditaires des banquiers sera estimé plus loin dans la catégorie des placements à intérêt.

La récapitulation des profits commerciaux et industriels donne les résultats suivants :

	Revenu net des négociants et des industriels	Taxe sur ce revenu, à raison de 3 pour 100
Commerce sur les produits de l'exploitation agricole, et principalement sur les vivres	600,000,000	18,000,000
Industrie manufacturière et spéculation sur les marchandises fabriquées	995,000,000	29,850,000
Profits des escomptes et du commerce de l'argent	60,000,000	1,800,000
	1,655,000,000	49,650,000

Ce résultat suffirait pour démontrer ce qu'il y a d'exorbitant dans le système de la commission, puisque, un prélèvement de 3 pour 100 sur le revenu (déduction faite de la patente) excède d'un tiers la patente même. La loi du 25 avril 1844, qui a procuré un léger dégrèvement, n'impose au commerce qu'une charge de 2 pour 100, si nos calculs sont exacts. Le nombre des patentés, en 1846, s'est élevé à 1,173,254, et le montant total de la contribution qu'ils ont acquittée à 34 millions 598,587 francs. La taxe de 3 pour 100 sur leurs bénéfices leur infligerait un nouveau sacrifice de 50 millions.

II. — La seconde catégorie de revenus imposables doit comprendre les offices ministériels, les charges judiciaires, les professions dites libérales, c'est-à-dire celles qui tirent leurs revenus, non pas de la fabrication ou de la vente d'un objet matériel, mais du travail de l'intelligence et des services qui exigent une éducation spéciale.

A Paris, ces classes sont proportionnellement plus nombreuses qu'on ne l'imagine ; les familles qui les composent y sont dans la proportion d'environ 6 pour 100 ; cette proportion, qui s'affaiblit dans les autres villes à mesure que leur importance décroît, devient à peu près imperceptible parmi les populations rurales.

Le nombre des officiers ministériels en possession de charges vénales est relevé sur le tableau des cautionnements déposés à la date du 1er janvier 1847. On comptait à cette époque 10,799 notaires, 3,497 avoués, 8,388 huissiers, 65 agents de change à Paris et 815 dans les départements, où ils font office de courtiers ; 76 courtiers de commerce et d'assurances à Paris, 445 commissaires-priseurs, 63 avocats aux conseils. Il serait fastidieux de reproduire ici les supputations auxquelles il a fallu se livrer pour arriver à une estimation raisonnable du capital des charges et des gains qui constituent les revenus des titulaires. Le prix des offices subit par contre-coup les oscillations de l'agiotage. Quand le capital surabonde, et que l'argent honnêtement gagné cherche avec anxiété des refuges honnêtes, l'achat d'une charge devient, pour une famille enrichie, non plus l'acquisition d'un titre où d'un état, mais un simple placement de fonds. On a vu plus d'une fois, en ces derniers temps, des charges vendues à des prix tels que leur produit n'était plus que le simple rapport du capital immobilisé. Cet entraînement a eu de bien tristes résultats. Les traités de ce genre étant conclus pendant une veine de prospérité factice où le revenu des études est grossi par la multiplicité des transactions, il arrive inévitablement, à la suite de cette activité fiévreuse, une période de prostration où les affaires languissent, où le produit des études baisse, où les recouvrements sont difficiles, où le titulaire ne retrouve qu'avec peine l'intérêt de son capital. S'il est resté débiteur d'une portion du prix, où s'il n'a acheté qu'avec des ressources d'emprunt, la fatalité, étend sa main sur lui. L'aveu de sa gêne serait la ruine ; il faut qu'il avise en secret à augmenter ses ressources. Une fois sorti de cette pudeur qui est la sauvegarde de sa profession, il avancera pas à pas jusqu'à franchir les limites du devoir. Il commencera par provoquer les affaires, par traîner les procédures, par enfler les mémoires ; il mordra, comme le vulgaire, à l'amorce des gains rapides et faciles, et voudra prendre à son tour quelques billets à la loterie des spéculations. L'heure où lui viendra cette pensée sera celle de sa perte. Chose désolante à dire, et qui cependant ne doit pas être ignorée, depuis quinze ans les notaires première ligne, et après eux les huissiers, sont les professions qui, proportionnellement à leur nombre, ont envoyé le plus d'individus devant les cours d'assises. Si, de 1830 à 1845, toutes les professions avaient fourni relativement autant d'accusés que les huissiers et les notaires, au lieu de 61,000 hommes qui ont comparu devant les juges criminels, il y en aurait eu 134,000 !

Si on avait capitalisé la valeur des charges il y a trois ans, aux jours triomphants de l'agiotage, on aurait pu leur attribuer une valeur totale de 2 milliards. Ce ne serait pas assez que de réduire cette somme de moitié, si on recommençait le calcul en prenant pour base les prix auxquels ces mêmes charges seraient cédées aujourd'hui. Malgré cette dépréciation accidentelle, et du ton modifier disciplinairement la transmission des offices, la clientelle attachée par la force de choses à une étude en renom sera toujours un privilège de fait, une mine exploitable qui conservera un bon prix. On peut encore évaluer à plus de 1,200 millions le capital de toutes les charges transmissibles. Le prix en est calculé, en général, sur le pied de six à dix fois le revenu net et annuel, de manière à ce que l'intérêt du prix d'achat à 5 p. 100 étant soldé, il reste au titulaire de 5 à 10 pour 100 comme rémunération de son industrie. Nos calculs sont résumés dans le tableau suivant :

CHARGES PRIVILEGIEES ET VENALES.

	Prix de la charge	«	«	Valeur totale des charges	Bénéfices des titulaires	Produit de la taxe projetée
	en maximum	en minimum	en moyenne			

76 courtiers de commerce, à Paris	65 agents de change, à Paris	8,400 huissiers	3,500 avoués	10,800 notaires
80,000	«	400,000	250,000	300,000
40,000	«	2,000	30,000	20,000
60,000	400,000	20,000	62,000	64,000
4,500,000	26,000,000	176,000,000	250,000,000	700,000,000
900,000	3,000,000	25,000,000	24,000,000	70,000,000
27,000	90,000	750,000	720,000	2,100,000

De la distribution des richesses en France

24,164 officiers ministériels	63 avocats aux conseils	445 commissaires-priseurs	815 agents de change des départemens, exerçant comme courtiers
	80,000	120,000	«
	40,000	20,000	«
	60,000	58,000	50,000
1,205,180,000	3,680,000	25,000,000	40,000,000
153,200,000	300,000	4,000,000	6,000,000
5,996,000	9,000	120,000	180,000

D'après ces données, l'impôt sur le revenu, préleva sur 133 millions de bénéfices, rendrait au fisc 4 millions. Les titulaires qui n'ont pas payé intégralement leur charge, et c'est malheureusement le plus grand nombre, réclameraient un dégrèvement proportionné à la dette dont ils sont chargés ; mais ils seraient obligés de signaler leurs créanciers, sur lesquels l'état aurait son recours.

Pour les professions libérales dont l'exercice n'est pas privilégié, on est réduit aux conjectures. Leur personnel est flottant, leur travail capricieux, leur rémunération soumise a mille éventualités. L'imprévu dans l'emploi du temps et dans le revenu est la principale cause de l'état précaire auquel semblent condamnées les personnes qui vivent d'un travail intellectuel. Les alternatives involontaires de verve et de découragement, d'abondance et de pénurie, font obstacle à cette régularité d'existence, richesse des professions positives. Malgré tout, le contingent de l'esprit et du savoir dans la répartition des profits sociaux est plus considérable que la foule dédaigneuse n'est portée à le supposer.

L'ordre des avocats compte environ 7,000 membres, à en juger par le tableau des inscriptions, où on comptait 7,421 noms en 1835 et 6,649 seulement en 1842. Il n'y a peut-être pas le tiers des titulaires qui vivent des honoraires gagnés au barreau. Chaque cour de justice se glorifie de deux où trois célébrités qu'escorte un groupe de praticiens laborieux et occupés. Pour les avocats sans cause, il y a les agences d'affaires, la rédaction des mémoires, les études théoriques, les emplois pour lesquels la connaissance des lois est un titre. En somme, en faisant descendre jusqu'à 1,000 francs le revenu des hommes de loi le moins employés, on trouve, pour l'ordre entier une recette de plus de 30 millions.

Le corps médical compte environ 12,000 docteurs en médecine, 8,000 officiers de santé, et peut-être 12,000 individus dont le métier rattache à l'art de guérir, comme pharmaciens et herboristes. Qu'on apprécie hiérarchiquement les situations, depuis le docteur en renom qui rend ses oracles à prix d'or, jusqu'au pauvre officier de santé qui trotte sur un cheval efflanqué de village en village, jusqu'au docteur plus à plaindre encore, celui des grandes villes, qui, dans, l'attente d'une clientèle, est condamné à jouer l'homme affairé, à dépenser en frais de représentation l'argent qu'il ne gagne pas : malgré les déceptions et la gêne du plus grand nombre, on trouvera que le corps médical, pris dans son ensemble, réalise au moins 80 millions.

Parmi les personnes vouées à l'instruction publique, les unes, attachées, à des établissements de l'état et soldées par le budget, sont classées, suivant l'économie du projet de loi, dans le groupe des fonctionnaires. 280 collèges communaux de premier ou de second ordre, 24 institutions de plein exercice, 2,000 institutions où pensionnats, 6,000 écoles libres occupent un nombre considérable de personnes, en qualité de directeurs, économes, régents répétiteurs, surveillants. Les maisons d'éducation destinées aux jeunes filles offrent d'égales ressources aux femmes instruites. En outre, les leçons particulières de langues, de sciences, de dessin, de musique, d'arts d'agrément, font vivre assurément plus de 20,000 professeurs des deux sexes, les uns d'une manière luxueuse, les autres à force de privations. Il n'importe : si le prélèvement de 3 pour 100 a lieu, les professeurs auront à fournir environ 2 millions. En effet, suivant nos inductions, le montant des bénéfices réalisés par les personnes vouées à l'enseignement, sans même compter les professeurs des lycées et les maîtres d'écoles gratuites, n'est pas inférieur à 66 millions.

La famille des professeurs se confond avec celle des artistes, puisqu'un grand nombre de ceux-ci tirent leur principal revenu des leçons qu'on leur demande. Il n'est donné qu'aux élus du public de vivre exclusivement pour leur art et par leur art. La foule sans nom dans laquelle disparaissent parfois des hommes d'un talent réel fait deux parts de l'existence : l'une destinée à poursuivre cet idéal qui enivre l'artiste, mais qui ne l'alimente point ; l'autre sacrifiée au métier qui fait vivre. Les besoins croissant avec l'âge, le métier accessoire devient peu à peu l'affaire essentielle. Les portraits de pacotille, l'imagerie, les illustrations de librairie, les décorations de théâtre ou d'appartements, l'ornementation, la ciselure, les modèles d'ameublement, mille petits services honorablement payés par l'industrie, fournissent des ressources variées à 6,000 peintres, dessinateurs, sculpteurs et graveurs. Pour les architectes, au nombre d'environ 3,000, il y a peut-être en France 1,500 places où inspections dont les appointements modiques suffisent en attendant la réputation et les entreprises lucratives. Quelques heures de fatigue et d'ennui passées le soir dans les orchestres de théâtre, de concert ou de bal, procurent le pain quotidien de plus de 12,000 musiciens exécutants. Nous ne croyons pas cependant que ces ressources ajoutent plus de 30 à 32 millions à ce que les artistes peuvent gagner en leur qualité de professeurs.

Le groupe des gens de lettres serait un des plus nombreux ; si on y comprenait tous ceux qui se sont donné le plaisir de livrer leurs pensées à l'impression. Réservons le titre de littérateurs pour ceux qui tirent de leur travail un revenu permanent. On estime que 5,000 écrivains au plus peuvent se partager 9 à 10 millions. Le journalisme contribue à ce résultat pour les deux tiers. Environ

600 auteurs dramatiques y compris les compositeurs de musique, réalisent 1,200,000 fr., en ajoutant à leurs droits sur les recettes de Paris et de la province la vente des manuscrits et celle des billets. La librairie et le gouvernement, par des rémunérations subventionnelles pour des travaux plus ou moins utiles, complètent le budget de la littérature. Ces simples chiffres font voir que la carrière des écrivains, laborieuse pour tous, est stérile pour le plus grand nombre.

Il y a bien en France 10,000 individus qui se disent acteurs et se donnent de temps en temps la satisfaction de jouer la comédie. Si le fisc se met à la recherche des artistes sérieusement, engagés et vivant de leur profession, il trouvera difficilement 3,000 contribuables. Le public, dont la curiosité ne s'adresse qu'aux noms déjà célèbres, veut savoir le chiffre des gros appointements ; mais peu lui importe que les deux tiers des artistes dévoués à ses plaisirs vivent dans l'incessante préoccupation du lendemain. Avec les employés qui complètent le personnel des théâtres, tels que choristes, comparses, régisseurs, souffleurs, machinistes, costumiers, les 3,000 comédiens gagnent peut-être 10 à 12 millions ; mais l'obligation de paraître avec avantage sur la scène et de conserver, même dans le monde, un certain prestige aux yeux du public les entraîne à des frais de costumes, de toilette et d'études, presque toujours disproportionnés avec le taux de leurs appointements. Indépendamment des journalistes et des acteurs, les journaux et les théâtres, considérés comme entreprises industrielles, auront à compter avec le fisc. Le compte ne sera pas facile à établir. Sur 500 journaux qui paraissent en France, en est-il 50 donnant d'honorables bénéfices ? en est-il 200 qui atteignent leurs frais ? Nous ne croyons pas que tous les journaux réunis aient à distribuer à leurs fondateurs plus de 2 millions de dividendes, et si, par contraste, on totalisait la somme des pertes, elle dépasserait de beaucoup celle des profits. On en pourrait dire autant des entreprises dramatiques. La recette effectuée par tous les théâtres de Paris, par 68 troupes sédentaires ou ambulantes dans les provinces, par les spectacles et concerts donnés transitoirement, en y comprenant même les subventions servies par l'état où par les municipalités, ne dépassent probablement pas 20 millions. La détresse de ce genre d'exploitation est assez tristement accusée par la rapidité avec laquelle les directions se succèdent. Une existence directoriale de plusieurs années est une honorable exception. D'ordinaire, les entrepreneurs arrivent, jouent leur coup de dés, font place à d'autres, si le sort les trahit ; ou bien, si un premier succès les a mis en crédit, ils se maintiennent en vivant d'expédients pendant quelques années. Le produit net des entreprises théâtrales sera bien faible, si on établit la moyenne entre les années bonnes et mauvaises.

Rapprochons les résultats de nos conjectures, en ce qui concerne les professions libérales non privilégiées.

	Revenus imposables	**Taxe de chaque profession**
Avocats	30,000,000 fr	900,000 fr
Médecins et pharmaciens	80,000,000	2,400,000
Individus voués à l'enseignement	66,000,000	1,980,000
Artistes (arts du dessin et musique)	32,000,000	960,000
Hommes de lettres	9,000,000	270,000
Acteurs	11,000,000	330,000
Entreprises de journaux	2,000,000	60,000
Directions théâtrales	1,000,000	30,000
	231,000,000 fr.	6,930,000 fr.

La récapitulation générale des deux groupes complétant la seconde catégorie donne donc les résultats suivants :

	Revenus	**Taxe**
Charges vénales, exercices avec cautionnements et privilèges	133,000,000 fr.	3,990,000 fr
Professions savantes, littéraires, artistiques	231,000,000	6,930,000

André Cochut

		364,000,000 fr.	10,920,000fr.

III. — La troisième catégorie de revenus imposables doit comprendre le produit des appointements et des pensions fournies par le budget où par l'industrie particulière.

Il s'agit ici, non pas d'additionner toutes les sommes payées par l'état à ses agents divers, mais d'établir, aussi exactement que possible, les prévisions de recettes dans les limites de la loi que nous étudions. Comme il n'est pas facile, dans les chiffres du budget, de distinguer la part faite aux employés pour leurs salaires des dépenses générales d'administration, il faudra s'en tenir à une évaluation très superficielle. A ne compter que les traitements imposables, une somme de 206 millions est distribuée par les divers ministères dans la proportion suivante : justice, 22 millions ; affaires étrangères, un peu plus de 5 millions ; instruction publique et cultes, 32,500,000 francs ; intérieur, 9 millions ; agriculture et commerce, 3 millions ; travaux publics, près de 6 millions ; guerre, 33 millions ; marine, 15 millions ; finances, au moins 72 millions. Il n'est pas inutile de répéter que cette évaluation est tout-à-fait conjecturale. En glissant rapidement sur les chiffres du budget, il est impossible de discerner quels sont les traitements qui doivent échapper à la taxe par leur infinité, comme ceux des maîtres d'école et des desservants de village, où en vertu d'exemptions formelles, comme celles qui sont admises en faveur des soldats, des marins et des douaniers d'un grade inférieur.

Une remarque montrant le chemin qu'ont fait les idées depuis l'établissement de la république trouve ici sa place. A l'imitation de ce qui a été fait pendant la crise de 1830, le gouvernement provisoire a décrété un prélèvement sur les traitements et pensions inscrits au budget, à compter du 1er avril jusqu'à la fin de l'année courante. Cette retenue, calculée sur une échelle de progression assez rapide, entraîne une reprise de 4 pour 100, à partir de 2,000 francs, et qui s'élève jusqu'à 30 pour 100 pour les traitements qui excèdent 25,000 fr. A ce compte, il y a 9,000 francs à retrancher sur un traitement de 30,000 francs : la réduction ne serait que de 900 francs avec l'impôt uniforme de 3 pour 100. En revanche, le modeste employé de 2000 fr. qui ne subit pas de retenue aujourd'hui, aura à payer 60 francs, si la loi passe dans les termes du rapport.

Terminons la nomenclature des rentiers du budget en rappelant des premiers revenus à taxer serait celui des représentants qui, à raison de deux cent cinquante séances par année, occasionneront une dépense de 4 à 5 millions.

Aux fonctionnaires soldés sur le budget national, il faut joindre les employés des administrations spéciales rétribués par les départements ou les communes. Tels sont les commis des préfectures, des octrois, des hôpitaux et monts-de-piété. Le seul département de la Seine distribue de 3 à 4 millions aux commis d'ordre ou aux agents de finances qu'il emploie ; le budget particulier de la préfecture de police, qui se confond avec celui de la municipalité parisienne, absorbe peut-être une égale somme pour le personnel des scribes et des agents d'exécution. Nous avons lieu de croire que la somme des traitements payés par les autres administrations départementales sur leurs revenus particuliers n'est pas inférieure à 10 millions. Les frais du personnel pour les établissements de bienfaisance, hôpitaux, maisons de retraite, bureaux de secours et monts-de-piété, sont très considérables : on les évalue au sixième de la dépense : 10 millions de plus à signaler au fisc.

La nécessité de troubler le repos des vieux serviteurs est une des conséquences les plus regrettables d'une taxe générale sur les revenus. Au 1er janvier 1847, les charges du trésor pour les pensions de toute nature s'élevaient à 45,146,453 francs ; le nombre des parties prenantes était de 100,687. Les remaniements administratifs opérés depuis deux ans ont déjà surchargé le tableau des pensions d'environ 8 millions, et on nous donne à entendre que de nouvelles *économies* sur le personnel nécessiteront un supplément de crédit. Le chiffre actuel, d'après le budget rectifié, est de 52,447,940 francs. Nous ignorons dans quelle mesure le nombre des parties prenantes a été augmenté. Si on partageait par tête, le contingent de chacun flotterait entre 4 où 500 francs ; mais la répartition, qui est très inégale, placera les deux tiers au moins des retraités en dehors des limites prescrites. La dette du sang versé, moins de 39 millions, est à partager entre 90,000 familles militaires ; les pensions ecclésiastiques, dont la moyenne est de 180 francs, assurent à peine le pain quotidien à de pauvres vieux curés. La plupart des pensions civiles sont réglées mesquinement. Les états-majors seuls seront atteints : si une somme de 20 millions leur est dévolue, ce serait 600,000 francs à recouvrer sur le chiffre total des pensions ; cette somme, si faible qu'elle soit, ne serait pas obtenue sans un surcroît de souffrances infligé à des familles déjà nécessiteuses.

L'intention fiscale du projet est enfin d'atteindre « toute rémunération attachée même à une fonction privée, sois quelque titre, forme où dénomination que ce soit. » S'il est difficile d'apprécier le roulement tumultueux et la fécondité des transactions individuelles, n'est-il pas plus hasardeux encore d'évaluer le nombre des auxiliaires de l'industrie et la part que les entrepreneurs leur laissent dans les bénéfices ?

Nous grouperons en quatre classes les personnes aux ordres d'un entrepreneur particulier qui les engage et les salarie, a titre d'employés, de contre-maîtres ou commis : 1° les commis des banques privilégiées et particulières, ceux des receveurs et agents de finances, les économes, intendants et chargés d'affaires, premier groupe qui doit comprendre de 4,000 à 5,000 personnes ; 2° les clercs des notaires, avoués, huissiers, agents de change, commissaires-priseurs, spécialité qui fournit des moyens de subsistance à plus de 40,000 individus ; 3° les commis attachés aux grands établissements industriels, en qualité de gérants, caissiers, teneurs de livres, ingénieurs, mécaniciens, chimistes, voyageurs : nombre qui flotte entre 50,000 et 60,000 dans les temps ordinaires ; 4° les agents du commerce proprement dit, hommes et femmes, utilisés les uns pour la vente, les autres pour la comptabilité, le courtage, les assurances, les transports : groupe qui fournira assurément de 80,000 à 100,000 contribuables.

Beaucoup de maisons de commerce nourrissent et logent les agents qu'elles occupent : comprendra-t-on dans le compte du revenu le prix de la nourriture et du logement ? Si on le fait, les conséquences seront bien rigoureuses : comment le malheureux qui ne gagne que sa nourriture s'y prendra-t-il pour payer sa taxe, en argent ? Si on néglige cette précaution, il y aura pour la plupart des commis un moyen d'échapper à la loi : chacun déguisera le taux de ses appointements, en déclarant qu'il est nourri. Nous pourrions signaler mille difficultés de ce genre ; nous en avons assez dit pour faire comprendre qu'une taxe sur les revenus est bien compromise quand on prétend l'étendre à toutes les classes et l'abaisser au-dessous du strict nécessaire.

Si la perception était exercée à la rigueur sur les agents nombreux des études, des bureaux et des comptoirs, ses produits ne seraient pas à dédaigner. Nous ne serons pas suspect d'exagération en attribuant aux 200,000 contribuables de cette classe une recette de 200 millions, à titre d'appointements ; mais, pour qui connaît les besoins et les habitudes de cette condition, l'état de gêne où la retient la nécessité d'une tenue décente, un prélèvement de 6 millions paraîtra chimérique.

En récapitulant les résultats partiels de cette troisième catégorie, nous trouverons :

	Revenus imposables	Taxe
Pensions	20,000,000 fr.	600,000 fr.
Traitements inscrits au budget de l'état	206,000,000	6,180,000
Traitements des administrations publiques, locales et spéciales	28,000,000	840,000
Traitements des employés attachés aux entreprises particulières	200,000,000	6,000,000
	454,000,000	13,620,000

IV. — La quatrième section, comprenant « les dividendes, annuités, intérêts de créances et rentes constituées de toute nature, » est celle qui répond le plus directement au vœu instinctif du public, à la taxation de la rente produite par le capital mobilier.

D'après le budget rectifié de 1848, la somme totale des rentes perpétuelles inscrites au grand-livre est de 295,410,158 francs. De nouvelles inscriptions effectuées en ces derniers temps pour emprunts et consolidations de dettes flottantes, l'adoption inévitable de diverses lois très onéreuses ; ne tarderont pas à élever la dette nationale à 320 millions. Quelles seront, sur ce chiffre énorme, les valeurs hors de l'atteinte de la taxe ? Il y aura à déduire, en première ligne, la dotation et la réserve de l'amortissement, qui n'exigent pas moins de 116 millions. Les rentes immobilisées au profit des communes, des caisses d'épargne, de la caisse des dépôts et consignations, et, en général, des établissements d'utilité publique en faveur desquels l'exemption a été admise, s'élèvent de 30 à 35 millions. Restent 170 millions saisissables ; mais, sur cette somme, il revient une vingtaine de millions aux banques publiques, aux compagnies de chemins de fer, aux sociétés d'assurances et de commerce, qui utilisent leurs fonds disponibles par des placements temporaires : ces compagnies, habiles et puissantes, ne trouveront-elles pas moyen de déplacer leurs fonds pour les soustraire à l'impôt ? Les fonds classés, les rentes nominatives ou au porteur, dont les arrérages sont touchés par des particuliers, donnent enfin un total de 140 à 150 millions : si ces rentes sont encore distribuées dans la proportion d'un état qui date de douze années, il n'y aurait pas moins de 240,000 parties prenantes, et les trois quarts des rentiers seraient réduits à un revenu trop faible pour être atteints par l'impôt ; mais, comme il arrive rarement qu'un coupon de rente inférieur à 400 francs soit la seule ressource du titulaire, il est probable que peu d'inscriptions échapperont à la taxe. En somme, les revenus saisissables, tant des corporations que des particuliers, s'élèveront, selon nous, à 130 millions.

Les arrérages des emprunts spéciaux pour les canaux et travaux divers (6,200,000 francs), les intérêts des cautionnements (7 millions pour 55,000 parties prenantes), ceux de la dette non consolidée et remboursable, qu'il est difficile d'évaluer aujourd'hui, pourront être saisis à peu près intégralement quelque faibles que soient les coupures, ces valeurs se trouvant d'ordinaire dans des mains trop bien nanties pour éviter la taxe. Les rentes viagères ne figurent plus au budget de l'état que pour 1,853,972 francs : elles sont partagées entre 10,000 parties prenantes, ce qui donne à peu près 185 francs par inscription. Il y aurait de l'inhumanité restreindre cette modique ressource. Ces rentes, étant d'ailleurs constituées d'ancienne date et ne se renouvelant plus, reposent sur des têtes vieillies, parmi lesquelles les extinctions sont très rapides.

Il n'en est pas de même des rentes viagères constituées sur des particuliers, où plutôt des assurances sur la vie, faites par des compagnies anonymes, avec des combinaisons tontinières. Nous ignorons quelle est la somme totale de ces assurances, et dans quel nombre sont les contrats assez importants pour donner prise à la taxe mobilière. Ces rentes viagères étant constituées à un intérêt de 10 p. 100 en moyenne, nous ne serions pas surpris d'apprendre que le fisc eût à opérer sur une somme de 2 millions.

Les emprunts contractés, avec autorisation du pouvoir, par les administrations spéciales et locales, offrent à la fois la solidité des placements sur l'état et les combinaisons aléatoires qui amorcent les capitalistes : tels sont les emprunts par annuités que font les villes, et notamment la ville de Paris, les avances aux communes, les prêts aux monts-de-piété, etc. On estimait, il y a peu d'années, l'intérêt annuel de ces placements à 7 où 8 millions. Les sacrifices multipliés que grand nombre de villes ont eu à faire pour traverser la crise de l'année dernière et celle où nous sommes encore ont dû porter ce seul chiffre à plus de 10 millions.

Les créances hypothécaires fourniront une des plus larges sources du nouvel impôt. On a beaucoup disserté sur le chiffre de ces créances ; les antagonistes et les avocats de la propriété l'ont tour à tour gonflé ou réduit outre mesure, selon les besoins de l'argumentation. « Le chiffre exact, le voici, a dit dernièrement à la tribune M. Goudchaux, qui a le rare privilège d'exciter, dès qu'il parle, une gaieté sans ironie ; pour vous, ajouta le ministre, je donnerai le chiffre exact. » Or, ce chiffre se monte à 12,048,800,600 francs. Les hypothèques périmées et non radiées, les hypothèques légales au profit des femmes et des mineurs, toutes les hypothèques de garantie prises par l'état, et en général toutes les inscriptions ne portant pas intérêt, réduisent la dette effective à un peu plus de 10 milliards. Il n'est pas vrai, comme on l'a trop souvent affirmé, que cette dette énorme soit un indice de la détresse des propriétaires ; il n'est pas moins inexact de prétendre, comme l'a fait M. Thiers, que la somme empruntée et portant intérêt forme seulement le tiers du chiffre total. Rétablissons les faits. Le montant des prêts sur hypothèques faits à titre de placement par des capitalistes est de 3,700,000,000. Le surplus représente des inscriptions prises pour transmission d'immeubles, c'est-à-dire par les anciens propriétaires qui restent créanciers de la portion du prix non payée par l'acheteur. Il est bien évident que cette garantie n'est pas gratuite, que le vendeur tire un intérêt de la somme qui lui est due, sans quoi il lui eût été inutile de se dessaisir de son gage, et que le produit de cet arrangement tombe sous la main du fisc, comme celui des placements ordinaires.

Quelle est maintenant la proportion des créances hypothécaires qui, par leur modicité, échapperaient à la taxe ? Un revenu de 400 francs dans les campagnes, de 800 francs dans les villes, correspond à un placement de 8,000 ou 16,000 francs. Un bien petit nombre de prêts atteignent cette somme. Il a été constaté que, sur 329,756 prêts hypothécaires inscrits pendant l'exercice de 1841, les contrats passés pour une somme inférieure à 1,000 francs formaient les trois quarts, et que, pour les placements au-dessus de 1,000 francs, la moyenne était de 4,630 francs. A ce compte, peu de créanciers seraient dans les limites de la taxe ; mais il est probable que ceux qui ont des économies à utiliser ont d'autres sources de revenus, ou que, par une prudence instinctive chez les campagnards, ils ont divisé leurs placements en plusieurs petites sommes ; quant aux inscriptions de garantie prises par les anciens propriétaires, elles doivent être le plus ordinairement supérieures aux taux prescrits. On peut donc espérer que les créances hypothécaires seront atteintes presque intégralement, et que leur cotisation, sur un capital d'environ 10 milliards produisant 5 pour 100 d'intérêt, procurera au trésor une quinzaine de millions.

En essayant d'évaluer les revenus de capitaux destinés à commanditer les opérations de crédit, de commerce et d'industrie, nous entrons dans le champ illimité des conjectures. Des recherches faites d'autorité, avec le concours des agents de change, des courtiers et des notaires, ne conduiraient pas même à des appréciations exactes pour ces valeurs essentiellement mobiles, que le flux et le reflux de l'agiotage déplacent sans cesse, et qui, menacées par l'impôt, ne tarderont pas à se dénaturer. Nous allons donc essayer une estimation par simple aperçu, en nous appliquant à ne rien exagérer.

Nous avons parlé plus haut des produits donnés par les banques, à titre, de profits d'escompte ou de courtage, à ceux qui font métier de manipuler l'argent. Indépendamment de ces profits, il y a des intérêts et des dividendes attribués aux capitaux qui forment le fonds social des banques publiques et privées. S'il était possible d'additionner avec exactitude les sommes qui appartiennent, à titre de dépôts où d'actions, aux commanditaires de la banque de France et de ses succursales, du comptoir national, des banques collectives, mais non privilégiées, des comptoirs destines à certaines industries spéciales, à certains genres d'opérations, et enfin de toutes les banques particulières de Paris et des départements, on reconnaîtrait que les sommes confiées aux banquiers avec charge de les faire valoir, dépassent 600 millions. En calculant à 4 pour 100 l'intérêt produit par ces sommes, ce serait encore 24 millions de revenu imposable.

Quant aux chemins de fer, il est plus facile d'approcher de la réalité. On sait que, sans compter les apports subventionnels fournis par l'état, et en laissant de coté les deux lignes qui doivent conduire de Paris à Avignon, lignes dont la situation financière est encore problématique, 860 millions environ ont été engagés dans les chemins de fer par les particuliers. Le revenu net de ces entreprises, en comprenant l'intérêt servi pour les lignes qui ne sont pas encore exploitées, a été évalué récemment à 40 millions, revenu qui ne peut que s'accroître au profit des actionnaires.

Un capital non moins considérable que celui des chemins de fer est engagé en actions industrielles, à n'estimer que celles qui, jetées sur la place, deviennent objets de trafic à Paris où dans les soixante autres villes possédant des bourses de commerce. A en juger très superficiellement par les bulletins de la Bourse parisienne, à défaut de documents positifs qui n'existent pas à notre connaissance, il y a au moins 150 millions engagés dans les canaux. Les compagnies d'assurances sur la vie ou contre l'incendie, d'assurances maritimes, commerciales, agricoles, industrielles, ont émis pour plus de 120 millions d'actions, dont la valeur nominale est augmentée par des bénéfices. Les mines de houille, de fer, d'asphalte, les forges et fonderies, roulent sur un capital de 200 millions au moins, à ne compter que le total des titres négociables, et en négligeant les opérations que les industriels conduisent avec leurs ressources privées. Les compagnies pour le gaz et l'éclairage ont appelé plus de 30 millions ; les ponts, environ 36 millions ; les messageries, omnibus et voitures, 40 millions ; les bateaux à vapeur, plus de 30 millions. Enfin, les roulages, les filatures, les verreries, les sucreries indigènes, les brasseries, les blanchisseries, les imprimeries, les journaux, les théâtres, toutes les industries que le démon de l'agiotage a pu séduire depuis quinze ans, ont formé d'innombrables compagnies qui, loyales ou suspectes, n'en ont pas moins levé sur les places françaises au moins 200 millions. Le total des actions industrielles, sans compter les chemins de fer, doit être au moins de 800 millions, procurant aux détenteurs, à 5 pour 100 d'intérêt, 40 millions à partager.

Pour compléter l'énumération des rentes produites, par le placement des capitaux, il faudrait pouvoir découvrir les créances chirographaires, les commandites directes et personnelles, les prêts sur nantissement, et surtout les fonds placés à l'étranger dans les emprunts publics où les spéculations particulières. De même qu'une grande partie des capitaux nécessaires pour nos grands travaux publics ont été fournis par des étrangers, la place de Paris a été un centre actif de négociations, notamment pour les emprunts belge, espagnol, romain, napolitain. Sera-t-il possible de constater l'existence des titres de cette nature dans les mains des détenteurs ? Les princes de la finance n'ont-ils pas mille moyens de soustraire au fisc les valeurs qu'ils exploitent ? Nous croyons qu'il est prudent de réduire à 100 millions en capital la somme des valeurs dont l'aveu sera fait.

Le relevé de la quatrième catégorie, celle des capitaux placés et portant un intérêt distinct des profits industriels, va donc nous donner pour résultats :

	Revenue imposable	Taxe
Rentes perpétuelles sur l'état	130,000,000 fr ;	3,900,000 fr.
Emprunts spéciaux et cautionnements	13,000,000	390,000
Rentes viagères fournies par les compagnies	2,000,000	60,080

Emprunts des départements, des communes et des villes	10,000,000	300,000
Créances hypothécaires	500,000,000	15,000,000
Capitaux des banques	24,000,000	720,000
Chemins de fer	40,000,000	1,200,000
Actions industrielles	40,000,000	1,200,000
Fonds étrangers et placements divers	5,000,000	150,000
	764,000,000 fr.	22,920,000 fr.

Notre exploration est achevée : toutes les sources du revenu mobilier ont été sondées et analysées scrupuleusement.[1] Chaque fois que les résultats nous ont paru douteux, notre tendance a été de les atténuer. Malgré cette réserve, nos calculs positifs dépassent de beaucoup les conjectures des statisticiens qui nous ont précédé. On va en juger par la récapitulation générale des quatre catégories imposables :

	Revenus mobiliers des contribuables	Produit de la taxe à 3 pour 100
1° Bénéfices industriels et commerciaux	1,555,000,000 fr	46,650,000 fr
2° Produits des offices ministériels et des professions libérales	364,000,000	10,920,000
3° Traitements, pensions et rétributions des fonctions publiques et services particuliers	454,000,000	13,620,000

---

[1] Ce travail est le complément naturel de nos recherches sur le revenu foncier dans une étude sur *l'industrie agricole* que la Revue a publiée récemment, livraison du 15 septembre 1848.

4° Rentes des capitaux placés sur l'état ou dans les entreprises particulières.	764,000,000	22,920,000
	3,137,000,000 fr	94,110,000 fr

L'impôt de 3 pour 100 sur le revenu mobilier, perçu dans les limites tracées par la commission de l'assemblée nationale, rendrait donc 94 millions. Dût-on subir un déficit d'un quart pour les non-valeurs et les fraudes auxquelles il faut s'attendre, on se trouverait encore au-dessus de la recette sur laquelle le ministre des finances paraît compter pour équilibrer le budget de l'année prochaine.

La possibilité de soutirer de l'argent aux citoyens ne suffit pas pour légitime un impôt. La taxe la plus féconde en apparence peut n'être qu'une cause de désordre et de ruine : n'en serait-il pas ainsi de la taxe sur le revenu ? C'est ce qu'il convient d'examiner.

Rappelons, en commençant, un principe qui devrait toujours éclairer les discussions de finances. Tout impôt, quels que soient son nom et son essence, devient, par la force naturelle des choses, un impôt de consommation. Prélevez une somme sur les terres ou sur les maisons à titre d'impôt foncier, sur l'industrie à titre de patentes, sur les aliments les matériaux de travail, les transports, les transactions, à titre d'octrois où de contributions indirectes ; frappez le capital circulant ou les revenus mobiliers : le contribuable, quel qu'il soit, propriétaire où escompteur, manufacturier où marchand, fera un calcul instinctif par suite duquel les prix des loyers, des capitaux, des marchandises, s'élèveront en proportion de la taxe.

La grande majorité d'une nation se composant de gens qui sont à la fois producteurs et consommateurs, une sorte d'équilibre s'établit tant bien que mal. Si le propriétaire s'est déchargé de sa contribution sur le drapier où le tapissier auxquels il loue des boutiques, ceux-ci, par un calcul semblable, lui vendront plus cher les meubles ou les étoffes dont il aura besoin. En définitive, les impositions n'en ont pas moins été acquittées entre ces trois contribuables ; seulement chacun d'eux a payé, non comme propriétaire ou industriel, mais en sa qualité de consommateur et dans la mesure de ses jouissances.

Tel est, en thèse générale, le mécanisme de l'impôt.

Il y a toutefois des classes pour lesquelles ce retour d'équilibre n'existe pas : ce sont celles qui, consommant sans produire ou du moins sans être intéressées à la vente de leurs produits, n'ont aucun moyen de se faire rembourser leur cotisation. C'est le cas pour les rentiers oisifs, pour les employés vivant d'un traitement fixe, et surtout pour les ouvriers, dont les salaires se règlent beaucoup moins d'après le prix des subsistances que d'après les proportions plus ou moins favorables du travail demandé et offert. Ces derniers sont d'autant plus à plaindre quand l'excès des impôts a augmenté le prix des choses, que cette cherté, comprimant la consommation, a pour effet de tarir les sources du travail.

Le mal devient-il intolérable, une réaction ne tarde pas à se manifester. A mesure que chacun s'impose des privations et restreint ses dépenses, le propriétaire loue plus difficilement ses maisons, ou est plus mal payé de ses locataires ; le patenté ne vend plus ses marchandises, ou ne s'en défait qu'en abaissant les prix. Il n'y a plus moyen de recouvrer la somme versée dans les mains du collecteur des revenus publics par un exhaussement proportionnel du prix des choses : l'impôt reste alors à la charge des contribuables, et cela dans le moment même où ses revenus et ses profits s'amoindrissent. De ces faits, trop évidents pour être contestés, ressort cet axiome :

En temps ordinaire, l'impôt est payé par celui qui use des choses imposables ; il est payé, en temps de crise, par celui qui possède ces choses, qui les produit ou qui les vend.

Pénétrez- vous de ce principe, exercez-vous à en surprendre les effets subtils dans les diverses transactions, et vous serez bientôt capable d'apprécier, avec une clairvoyance parfaite, la portée politique, la valeur économique ou la tendance morale de tel impôt qui vous sera proposé.

Appliquons ce mode d'expérimentation à l'impôt sur les revenus mobiliers. La taxe sur les revenus est, pour ainsi dire, l'enfance de l'art fiscal. L'idée d'exiger une cotisation proportionnée aux ressources de chacun est, en effet, celle qui se présente le plus naturellement à l'esprit ; aussi croyons-nous qu'on trouverait des traces de son application chez presque tous les peuples anciens ou modernes. Il y a une apparence de brutalité dans l'impôt *réel*, qui frappe les *choses* sans avoir égard à la situation de celui qui les possède. L'impôt sur les ressources effectives de chaque famille serait assurément le plus équitable, s'il était possible de le mesurer avec exactitude ; mais, sans même tenir compte de la facilité qu'ont la plupart des contribuables à rejeter le fardeau sur autrui, il suffit d'un instant d'attention pour reconnaître que l'impôt sur les revenus ne satisfait pas plus que les autres à cette justice distributive que rêve la démocratie.

Pour que l'égalité ne fût pas une illusion, il faudrait tenir compte ; non-seulement des ressources, mais des besoins ; il faudrait ouvrir une enquête sur la situation de chaque famille. Tel revenu qui est la misère pour un ménage chargé d'enfants n'est-il pas une sorte d'opulence pour l'insouciant célibataire ? Un médecin, un artiste en renom, ont souvent à subir des frais de représentation, des nécessités de dépense qui absorbent leurs bénéfices apparents. Riches aux yeux de la foule envieuse, ils sont plus gênés en réalité que tels obscurs praticiens. Entre deux actionnaires touchant 3,000 francs chacun de dividendes, l'un aura engagé 30,000 fr., l'autre 300,000 ; ils auront à contribuer pour la même somme, et cependant l'un sera en perte, tandis que l'autre réalise un bénéfice exceptionnel.

La prétention de faire cesser les privilèges dont jouissent les capitaux circulants, d'établir, comme on a dit dans l'exposé des motifs, une égalité proportionnelle entre les charges applicables aux revenus mobiliers et celles qui atteignent les revenus immobiliers, ne soutient pas mieux l'examen. Il y a une distinction qu'on néglige d'observer entre les détenteurs des capitaux mobiliers et les rentiers proprement dits. Les capitalistes spéculateurs, les vendeurs d'argent, ont la ressource de rejeter l'impôt sur l'acheteur, en faisant payer leur marchandise plus cher. Le contraire a lieu pour le rentier purement consommateur. Loin d'être affranchi des charges publiques, il en supporte lourdement le poids : d'abord, par l'élévation du prix égale au montant des contributions diverses, soit environ 10 pour 100, et ensuite, par l'amoindrissement continuel des valeurs monétaires, qui réduisent la puissance effective de sa rente au profit du trésor public ce sont les impôts qui frappent sur lui par mille contre-coups.

Malgré les vices radicaux qui doivent le faire rejeter en principe, il surgit parfois des embarras tels, qu'un impôt sur les revenus devient un expédient inévitable. Nous admettons cette fatalité ; mais alors une difficulté essentielle se présente quant au taux de la cotisation. Dans quelle mesure doit-on répartir le fardeau ? à quel degré doit-on descendre dans l'échelle des fortunes ?

Il n'y aurait pas à hésiter dans un système comme celui de Vauban, où le prélèvement sur les revenus devrait remplacer tous les autres impôts : il est évident qu'il faudrait atteindre tous les citoyens, même ceux dont les ressources seraient insuffisantes. L'auteur de la *Dixme royale* proposait donc de taxer les classes aisées à la dîme complète dans les temps de crise et à la demi-dîme où vingtième dans les temps ordinaires : c'était 5 pour 100 du revenu. Quant aux artisans et ouvriers ruraux, il les taxait seulement au trentième, un peu plus de 3 p. 100.

Lorsqu'au contraire le prélèvement sur le revenu est une taxe superposée à un ancien système de fiscalité, on doit prendre en considération la richesse collective du pas et l'état des fortunes particulières. Si le pays n'est pas extrêmement riche, si les patrimoines sont très divises, il y a nécessité d'abaisser le minimum de cotisation, puisque sans cela l'expédient serait stérile ; mais alors il faut que la taxe soit graduée de telle sorte que les classes vivant d'économies ne soient pas réduites à s'imposer des privations, et que les classes riches puissent supporter, sans trop d'irritation, une surcharge proportionnée à leurs moyens. La Bavière a suivi ce système en introduisant chez elle l'impôt sur le revenu par une loi du 4 juin 1848. On a distribué en vingt-cinq séries les revenus imposables au-dessus de 250 florins (environ 500 fr.) ; la taxe proportionnelle dans chaque série, mais progressive d'une série à l'autre, est graduée à partir de deux dixièmes de florin au minimum jusqu'à 2 florins au maximum. Dans ces limites, l'équilibre commercial ne sera pas troublé. Le pauvre n'éprouvera pas un déficit assez marqué pour restreindre sa consommation d'une manière sensible. Le contribuable, éprouvant de la difficulté à augmenter le prix de ses loyers où de sa marchandise, restera sous le poids de sa cotisation ; mais enfin il subira patiemment une charge trop modérée pour déranger son genre de vie.

Supposez, au contraire, une nation opulente, comme était autrefois la Hollande, comme est aujourd'hui l'Angleterre, et cependant tourmentée par des embarras financiers, ce qui a été l'état habituel de ces deux pays. Alors une forte surtaxe, frappant exclusivement sur le riche, peut être salutaire, non-seulement au pays, mais à la classe qui est particulièrement atteinte. En effet, lorsqu'au sein d'une nation riche collectivement, vous voyez le contraste de l'excessive opulence et de l'extrême misère, vous pouvez assurer que des monopoles perfides contrarient l'équitable et naturelle infiltration de la richesse acquise, de même que des barrages semés dans un terrain accidenté y empêchent le nivellement naturel des eaux. Qu'arrive-t-il alors ? C'est qu'à côté de certaines parties du corps frappées d'atrophie, parce que le capital vivifiant leur manque, l'argent, surabondant en certaines mains, s'y avilit même au détriment de ceux qui le possèdent. En Hollande, au siècle dernier, l'argent était offert a 2 pour 100, au milieu d'une population ouvrière que le désœuvrement et la misère poussèrent plus d'une fois au désespoir. En de telles circonstances, un impôt frappé exclusivement sur les gros revenus aurait eu l'effet d'une saignée rétablissant la circulation dans les veines engorgées.[1] D'une part, la raréfaction de l'argent, par suite du sacrifice momentané imposé aux capitalistes, en eût relevé la valeur ; d'autre part, la restauration des finances publiques, la réouverture des ateliers, le soulagement des pauvres, eussent ramené une phase de confiance et d'activité, double chance de compensation offerte à la classe riche.

La situation de l'Angleterre n'est pas sans analogie avec celle de l'ancienne Hollande ; aussi, on dirait que l'*income-tax* y a été combiné de manière à produire les effets que nous venons de décrire. Introduit en 1797, modifié à plusieurs reprises, aboli en 1816, rétabli en 1842 pour trois ans seulement, mais prorogé récemment jusqu'en 1851, on s'attend à ce que l'impôt sur les revenus se classe définitivement dans le système de la fiscalité anglaise. Dans l'origine, le minimum de perception fut fixé à 60 livres sterling (1,500 francs) ; la cotisation était de 5 pour 100. Dans ces termes, la charge pouvait être excessive. Dans le système de 1842, l'*income-tax* est, à notre sens, un remède plutôt qu'un mal ; si nos voisins s'en plaignent souvent, c'est que le remède n'est

---

[1] Il ne s'agit ici que d'un expédient extrême : le remède naturel et d'un effet durable serait l'abolition des monopoles financiers.

jamais agréable au malade qui le subit, même pour son bien. La taxe n'atteint aujourd'hui que les revenus supérieurs à 150 livres sterling, soit 3,750 francs ; elle est fixée au maximum à 7 pence par livre de revenu net annuel, soit 2 francs 92 centimes pour 100 francs ; un dégrèvement est admis en faveur de l'industrie rurale. Le fisc poursuit la richesse partout où elle se trouve, sans s'informer de sa nature ; il frappe toutes les valeurs, et, au lieu d'excepter la terre, c'est sur elle qu'il s'appesantit, sans crainte de faire double emploi en atteignant le propriétaire rentier et le fermier spéculateur. Dans ces limites, le produit de l'*income-tax* a flotté depuis cinq ans entre 137 et 144 millions de francs. Voici les résultats du dernier exercice :

Répartition et produits de l'impôts sur le revenu en Angleterre
EXERCICE DE 1847

Nature des revenus imposables	Régions contribuables	Proportion de la taxe	Evaluation des revenus imposables	Produits de la taxe
1re CLASSE Revenus du propriétaire foncier	Angleterre	2 fr. 92 c. pour 100	2,586,000,000	58,417,150
«	Ecosse	Id.	229,450,000	6,700,150

4e CLASSE Revenus industriels et profits divers	3e CLASSE Rentes sur l'état		2e CLASSE Bénéfice de l'exploitant, propriétaire ou fermier	
Angleterre			Angleterre	
2 fr. 92 c. pour 100	2 fr. 92 c. pour 100		1 fr. 46 c. pour 100	
1,363,363,000	632,650,000	571,800,000	515,800,000	2,815,450,000
39,810,525	18,473,750	8,113,425	7,530,725	65,117,300

«	Ecosse	Id.	142,750,000	4,168,100
			1,506,113,000	43,978,625
5e CLASSE Revenus sur les fonctionnaires	Angleterre	2 fr. 92 c. pour 100	276,210,000	8,065,330
«	Ecosse	Id.	10,749,000	311,775
			286,959,000	8,377,125

RECAPITULATION GENERALE

	Revenus imposables	Produits de la taxe
1re classe	2,815,450,000	65,117,300
2e classe	571,800,000	8,113,425
3e classe	632,650,000	18,473,750

André Cochut

4e classe	1,506,113,000	43,978,625
5e classe	286,959,000	8,377,225
	5,812,972,000 fr.	144,060,225 fr.

Il ressort de ce tableau qu'en Angleterre et en Écosse seulement, les revenus au-dessus de 3,750 francs composent un total de 5 milliards 813 millions. Or, si les informations que nous puisons dans les statistiques anglaises sont exactes, le partage aurait lieu entre 500,000 parties prenantes au plus. La moyenne du revenu imposable serait donc de 12,000 francs. Prélever sur cette somme environ 350 francs, ce n'est pas tarir la source du bien-être. Par ce sacrifice léger pour eux, les détenteurs de capitaux, en supposant même qu'ils n'exercent pas de reprises sur les consommateurs, perdent moins que s'ils laissaient déchoir le crédit. Trois pour 100 sur leur revenu, c'est la 667me partie de leur richesse présumée ; c'est un sacrifice de 3 sous sur un capital de 100 francs. N'est-il pas évident que la moindre crise commerciale, provoqué par une pression trop grande du pauvre, leur ferait perdre beaucoup plus.

La France n'est malheureusement pas du nombre de ces pays opulents où le capital s'avilit par son accumulation dans certaines mains. La France est, au contraire, un pays pauvre, eu égard à sa nombreuse population et à la grande place qu'elle occupe dans le monde. Le capital y est très disséminé, craintif, parce qu'il est peu clairvoyant. Nous dirons donc en toute sincérité qu'une contribution infligée spécialement aux riches eût été stérile matériellement et désastreuse par ses conséquences politiques. Nous concevons que le système primitif ait été modifié ; mais nous devons dire que le comité financier de l'assemblée nationale s'est jeté dans une exagération opposée.

L'immunité admise en faveur de la propriété foncière et de l'industrie agricole peut s'expliquer par des considérations politiques ; mais rien ne la justifie économiquement. Dès que vous poursuivez le revenu net sans avoir égard aux besoins qu'il est appelé à satisfaire, saisissez donc ce revenu sans pitié partout où il se trouve. C'est ce qu'a fait l'aristocratique Angleterre.[1] La

---

1 Il n'est pas exact de dire que la propriété foncière ne soit pas directement imposée en Angleterre. Outre l'impôt sur le revenu et le *land-tax*, elle supporte les dîmes, la

propriété foncière, direz-vous, est écrasée de charges. Qu'importe, puisque vous tenez compte des impôts et des dettes dans le bilan des contribuables, et que vous ne considérez comme produit net que le libre excédant ? Pourquoi le propriétaire, qui, ses impôts payés, reste avec 8,000 fr. de revenu, ne contribuerait-il pas comme le simple locataire qui a pour tout revenu 800 fr ? Rien de plus injuste encore que l'exemption réclamée pour le fermier. Est-ce que l'impôt que paie un bâtiment loué pour une manufacture dispense le manufacturier de sa patente ? Est-ce que ce même patenté ne rembourse pas, dans le loyer de sa boutique, ce que son propriétaire a avancé pour l'impôt, sauf à se rattraper, s'il le peut, sur le chaland ? D'ailleurs, où finit la spéculation agricole, où commence la spéculation industrielle et commerciale ? Un fermier va conduire au marché un troupeau de bêtes ; il vendra, sans payer d'impôts, chair, cuir et laine ; viendront ensuite le boucher qui revendra la viande, le tanneur qui préparera les peaux, le négociant qui achètera la laine pour la faire nettoyer, filer et teindre, et ceux-ci, qui ont déjà payé patente, auront Une seconde fois à compter avec le fisc.

Avec tant d'indulgence pour l'industrie des campagnes, on a été impitoyable pour l'habitant des villes. Le minimum de perception a été abaissé au point d'entamer le strict nécessaire, de rogner le pain du pauvre. Si du moins on avait gradué la cotisation comme en Bavière ! Loin de là ; on impose à 3 pour 100 le malheureux qui a 100 francs de revenu, comme celui qui a 100,000 francs. Une famille ayant à dépenser par jour 1 fr. 10 cent. dans un village, 1 fr. 65 cent, dans une petite ville, 2 fr. 20 cent. à Paris, à Bordeaux où a Marseille, est réduite au plus strict nécessaire ; lui demander, selon les lieux, de 12 à 24 fr., c'est lui arracher dix journées de sa subsistance. Ou cette famille enverra quelques-uns des siens aux hôpitaux, et alors vous aurez peu gagné à votre spéculation fiscale, où elle s'obérera par des emprunts. Supposons donc que la gêne produite par la levée d'une soixantaine de millions grossisse le troupeau des emprunteurs, et que cette demande de capitaux élève le taux de l'escompte de demi pour 100 seulement, il se manifestera aussitôt un singulier phénomène. L'homme qui retire

taxe des pauvres et autres taxes locales, non inscrites au budget de l'état. L'ensemble compose une charge aussi lourde peut-être que celle sous laquelle fléchissent nos propriétaires.

André Cochut

20,000 francs d'une sommé placée à 5 pour 100 va payer 600 francs au fisc ; mais, en vertu de cette augmentation de demi pour 100, il retirera du placement de son argent 22,000 francs au lieu de 20,000, de sorte que l'impôt lui aura fait gagner 1,400 francs net. Les petites existences seront douloureusement comprimées. Il y a plus : la propriété foncière elle-même subissant, par contre-coup, le renchérissent des capitaux, paiera à son insu l'impôt qu'elle approuvait parce qu'elle croyait s'y soustraire.

Est-il nécessaire d'insister sur les difficultés pratiques de perception, sur cette inquisition qu'il faut instituer pour découvrir ce que chacun tire de son patrimoine où de son travail ? Ce n'est pas un médiocre embarras, pour l'homme engagé dans un courant d'affaires, que de dégager nettement la somme de ses profits. Etablira-t-on contradictoirement avec lui le décompte de ses opérations ? Quelle cause de mécontentement ! S'en tiendra-t-on à sa simple déclaration sans contrôle ? Quelle place on laissera à la fraude ! La déduction des dettes servies par le contribuable est admise. Pour le négociant, le comptable, le médecin, l'artiste, pour quiconque est obligé par état de faire bonne figure dans le monde, c'est l'alternative de ruiner son crédit en dévoilant des embarras, ou de contribuer comme s'il était riche. En réfléchissant à toutes ces difficultés, on ne s'étonne pas des imprécations qui ont accueilli l'impôt sur les revenus, depuis le jour où Aristophane livra à la risée des Athéniens « le maudit collecteur du vingtième » jusqu'en 1816, où lord Brougham obtint du parlement la destruction de tous les documents de nature à faciliter le rétablissement de l'*income-tax*.

Dans notre conviction, le vote de la taxe sur les revenus, conformément au projet amendé par la commission, serait le plus dangereux présent que l'assemblée nationale pût faire au gouvernement républicain.

ISBN : 978-1545558607

20,000 francs d'une sommé placée à 5 pour 100 va payer 600 francs au fisc ; mais, en vertu de cette augmentation de demi pour 100, il retirera du placement de son argent 22,000 francs au lieu de 20,000, de sorte que l'impôt lui aura fait gagner 1,400 francs net. Les petites existences seront douloureusement comprimées. Il y a plus : la propriété foncière elle-même subissant, par contre-coup, le renchérissent des capitaux, paiera à son insu l'impôt qu'elle approuvait parce qu'elle croyait s'y soustraire.

Est-il nécessaire d'insister sur les difficultés pratiques de perception, sur cette inquisition qu'il faut instituer pour découvrir ce que chacun tire de son patrimoine où de son travail ? Ce n'est pas un médiocre embarras, pour l'homme engagé dans un courant d'affaires, que de dégager nettement la somme de ses profits. Etablira-t-on contradictoirement avec lui le décompte de ses opérations ? Quelle cause de mécontentement ! S'en tiendra-t-on à sa simple déclaration sans contrôle ? Quelle place on laissera à la fraude ! La déduction des dettes servies par le contribuable est admise. Pour le négociant, le comptable, le médecin, l'artiste, pour quiconque est obligé par état de faire bonne figure dans le monde, c'est l'alternative de ruiner son crédit en dévoilant des embarras, ou de contribuer comme s'il était riche. En réfléchissant à toutes ces difficultés, on ne s'étonne pas des imprécations qui ont accueilli l'impôt sur les revenus, depuis le jour où Aristophane livra à la risée des Athéniens « le maudit collecteur du vingtième » jusqu'en 1816, où lord Brougham obtint du parlement la destruction de tous les documents de nature à faciliter le rétablissement de l'*income-tax*.

Dans notre conviction, le vote de la taxe sur les revenus, conformément au projet amendé par la commission, serait le plus dangereux présent que l'assemblée nationale pût faire au gouvernement républicain.

ISBN : 978-1545558607

www.ingramcontent.com/pod-product-compliance
Lightning Source LLC
Chambersburg PA
CBHW061449180526
45170CB00004B/1630